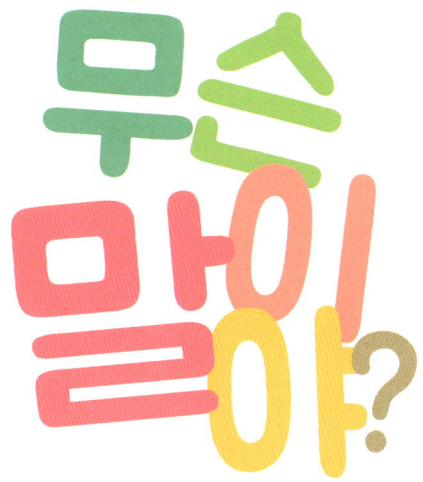

생활 속 우리말 탐구 사전

무슨 말이야?

생활 속 우리말 탐구 사전

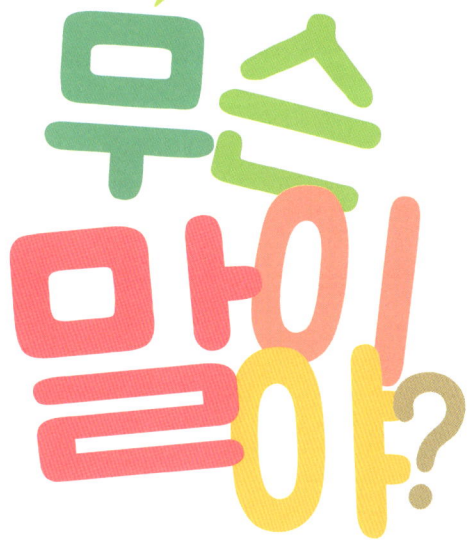
무슨 말이야?

보리

차례

1장
알쏭달쏭 우리말

돌잔치 · 8
누리집 · 10
주전부리 · 12
미주알고주알 · 14
시시콜콜 · 16
피장파장 · 18
훔치다 · 20
부시다 · 22
고지식하다 · 24
욕보세요 · 26
오지랖이 넓다 · 28
손이 크다 · 30
손끝이 맵다 · 32
풀이 죽다 · 34
손 없는 날 · 36
김칫국부터 마신다 · 38
게 눈 감추듯 · 40
국물도 없다 · 42
바가지 쓰다 · 44
을씨년스럽다 · 46

2장
긴가민가 들어온 말

우측보행 · 50
전층운행 · 52
병목현상 · 54
나들목, 분기점 · 56
낙석주의 · 58
주인백 · 60
신문사절 · 62
부재중 · 64
관계자 외 출입 금지 · 66
재량휴업일 · 68
선행학습 · 70
추모 · 72
은혜 · 74
분단 · 76
집행유예 · 78
여당, 야당 · 80
출사표 · 82
대소변 · 84
반려동물 · 86
백반 · 88

물은 셀프 · 90
잔반 · 92
바캉스 · 94
삼복더위 · 96
우천시 · 98
집중호우 · 100
X-마스 · 102
정월 초하루, 섣달그믐 · 104
근하신년 · 106
양력, 음력 · 108
만 나이 · 110
벼룩시장 · 112
바겐세일 · 114

3장
어리둥절 줄임 말과 새말

센캐, 에바 · 118
생파, 생선 · 120
노잼, 꿀잼 · 122
문상, 개이득 · 124
갑분싸, 갑툭튀 · 126
띵작, 댕댕이 · 128
오나전 캐안습 · 130
엄크 · 132

작가의 말 · 134

· 돌잔치 · 누리집
· 주전부리 · 미주알고주알 · 시시콜콜
· 피장파장 · 훔치다 · 부시다 · 고지식하다
· 욕보세요 · 오지랖 · 손이 크다 · 손끝이 맵다
· 풀이 죽다 · 손 없는 날 · 김칫국부터 마신다
· 게 눈 감추듯 · 국물도 없다 · 바가지 쓰다
· 을씨년스럽다

1장
알쏭달쏭 우리말

돌잔치

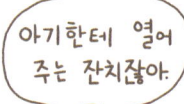

개떡이, 엄마가 들어왔습니다

 돌잔치가 무슨 말이야?

 '돌'은 아기가 태어나서 처음 맞는 생일이야.

'돌잔치'는 돌날에 벌이는 잔치란다.

누리집

허정팔 선생님이 들어왔습니다

누리집이 무슨 말이야?

인터넷에 '홈페이지'라는 말을 많이 쓰지?
홈페이지를 고운 우리말로 '누리집'이라고 해.
말하기도 쉬워.

1장 알쏭달쏭 우리말 · 11

주전부리

할머니가 들어왔습니다

  주전부리가 무슨 말이야?

  간식 같은 것을 아무 때나 자꾸 먹는 것을 말해.

  아하! 그럼 시골에서는 군것질을 주전부리라고 하는 거야?

  주전부리는 군것질이랑 같은 말이지, 사투리는 아니야.

미주알고주알

할머니가 들어왔습니다

미주알은 무슨 말이야?

'미주알'은 똥구멍이 있는 창자의 끝부분이야.

그럼 고주알은?

'고주알'은 아무 뜻이 없어. 미주알 뒤에 비슷한 소리를 재미로 붙인 거야.

할머니가 들어왔습니다

 '미주알고주알' 묻는다는 건 작고 하찮은 일까지 속속들이 다 물어본다는 말이야.

그러니까 창자 끝까지 살펴볼 정도라는 거지?

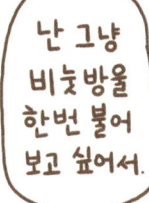   

1장 알쏭달쏭 우리말 · 15

시시콜콜

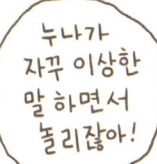

엄마, 개떡이가 들어왔습니다

시시콜콜이 무슨 말이야?

 시시한 일까지 하나하나 다 따지는 모양을 말해.

 '시시콜콜'과 비슷한 말로는 '꼬치꼬치', '미주알고주알'이 있어.

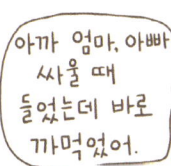

피장파장

엄마가 들어왔습니다

피자도 아니고
파전도 아니면
피장파장이 무슨 말이야?

 낫고 못함이 없이
서로 같은 것을 말해.
같은 처지나 경우라는 뜻이지.

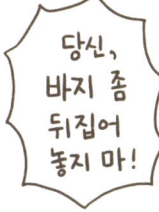  

훔치다

할머니, 개떡이가 들어왔습니다

훔치다가 무슨 말이야?

 물기나 때가 묻은 것을 닦아 말끔하게 할 때 쓰는 말이야.

 눈물이나 콧물을 닦을 때에도 훔친다고 해.

부시다

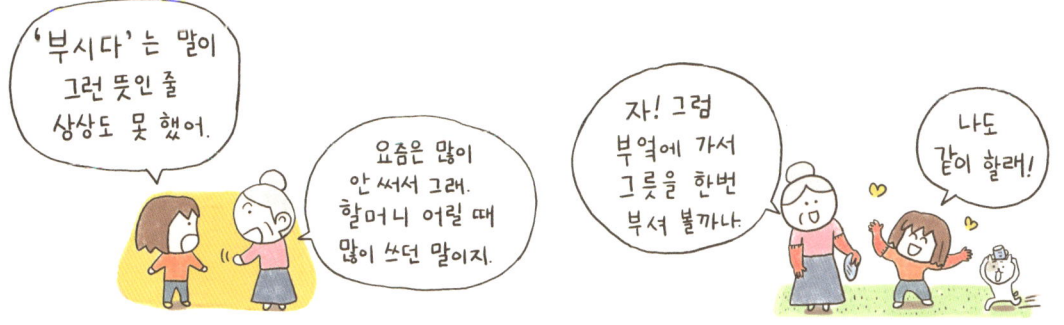

고지식하다

욕보세요

선생님, 개떡이가 들어왔습니다

욕보세요가 무슨 말이야?

 '욕보세요'는 수고하라고 인사하는 말이야.

 '욕봤다'는 수고했다, 고생했다는 뜻이지.

# 오지랖이 넓다

엄마, 아빠가 들어왔습니다

오지랖이 넓다가 무슨 말이야?

 '오지랖'은 웃옷이나 윗도리 앞자락을 뜻하는 말이야. 흔히 이 일, 저 일에 잘 끼어드는 사람을 '오지랖이 넓다'고 하지.

 옷 앞자락이 넓으면 속에 있는 옷을 죄다 감쌀 수 있다는 데서 생겨난 말이야.

손이 크다

엄마, 아빠가 들어왔습니다

손이 크다가 무슨 말이야?

'손이 크다'는 씀씀이가 크다는 뜻이야.

씀씀이는 또 무슨 말인데?

'씀씀이'는 돈, 물건, 마음 같은 것을 쓰는 정도나 태도를 말하는 거야.

손끝이 맵다

개떡이, 선생님이 들어왔습니다

손끝이 맵다가 무슨 말이야?

손으로 맞았을 때 무지 아플 때가 있어.

이럴 때 '손끝이 맵다'고 해.

풀이 죽다

개떡이, 선생님이 들어왔습니다

풀이 죽었다가 무슨 말이야?

 '풀'은 식물이라는 뜻 말고도 몸짓이나 태도에서 나타나는 밝고 힘찬 기운을 빗대어 이르는 말이기도 해.

 '풀이 죽다'는 밝고 힘찬 기운이 꺾였다는 뜻이지.

손 없는 날

엄마, 아빠가 들어왔습니다

손 없는 날이 무슨 말이야?

'손'은 날짜에 따라 동서남북으로 옮겨다니면서 사람의 일을 방해한다는 귀신을 뜻해.

 그러니까 '손 없는 날'엔 귀신이 해코지를 하지 않아 어떤 일을 해도 탈이 나지 않는 거지.

 결혼이나 이사를 하거나 먼 길을 떠날 때에는 탈이 없도록 손 없는 날로 잡았어.

김칫국부터 마신다

할머니, 개떡이가 들어왔습니다

 김칫국부터 마신다가 무슨 말이야?

 '떡 줄 사람은 생각도 않는데 김칫국부터 마신다'는 속담에서 따온 말이야.

 아직 일어나지도 않은 일을 미리부터 다 된 일로 알고 행동한다는 뜻이지.

 맞아. 김칫국은 물김치에 있는 국물이야.

 옛날엔 떡이나 고구마같이 목이 메이는 음식을 먹을 때 김칫국을 함께 먹었거든.

게 눈 감추듯

엄마, 아빠가 들어왔습니다

게 눈 감추듯이 무슨 말이야?

 '게 눈 감추듯'은 '마파람에 게 눈 감추듯' 이라는 옛속담에서 온 말이야.

마파람?

 남쪽에서 부는 바람인데, 바람이 불면 게가 잽싸게 눈을 감춰 버린대.

 그것처럼 어떤 일을 아주 빠르고 날래게 하는 것을 보고 '마파람에 게 눈 감추듯' 한다고 해.

뜻을 알고 들으니 재밌는 말이네.

국물도 없다

엄마가 들어왔습니다

국물도 없다가 무슨 말이야?

돌아오는 몫이나 이득이 아무것도 없다는 뜻이야.

바가지 쓰다

들이가 들어왔습니다

바가지 쓰다가 무슨 말이야?

값을 터무니없이 많이 주고 샀을 때 쓰는 말이래.

을씨년스럽다

개떡이, 선생님이 들어왔습니다

 을씨년스럽다가 무슨 말이야?

 날씨가 스산하고 흐리다는 뜻이야. 느낌이나 분위기가 뒤숭숭하고 으스스하다는 뜻이기도 해.

 을사조약 때문에 생긴 말이라는 이야기도 있어.

 을사조약?

 을사조약은 일본이 우리나라한테서 외교권을 빼앗으려고 을사년인 1905년 11월 17일에 강제로 맺은 조약이야.

· 우측보행

· 전층운행 · 병목현상 · 나들목, 분기점

· 낙석주의 · 주인백 · 신문사절 · 부재중

· 관계자 외 출입 금지 · 재량휴업일 · 선행학습

· 추모 · 은혜 · 분단 · 집행유예 · 여당, 야당

· 출사표 · 대소변 · 반려동물 · 백반 · 잔반

· 바캉스 · 삼복더위 · 우천시 · 집중호우

· X-마스 · 정월 초하루, 섣달그믐 · 근하신년

· 양력, 음력 · 만 나이 · 벼룩시장

· 바겐세일

2장
긴가민가 들어온 말

우측보행

개떡이가 들어왔습니다

우측보행이 무슨 말이야?

오른쪽으로 걸으라는 말이야.

전층운행

선생님이 들어왔습니다

전층운행이 무슨 말이야?

'전층'은 모든 층을 뜻하는 말이야.
이 승강기는 모든 층을 오르내리니까
어느 층이건 갈 수 있다는 거지.

병목현상

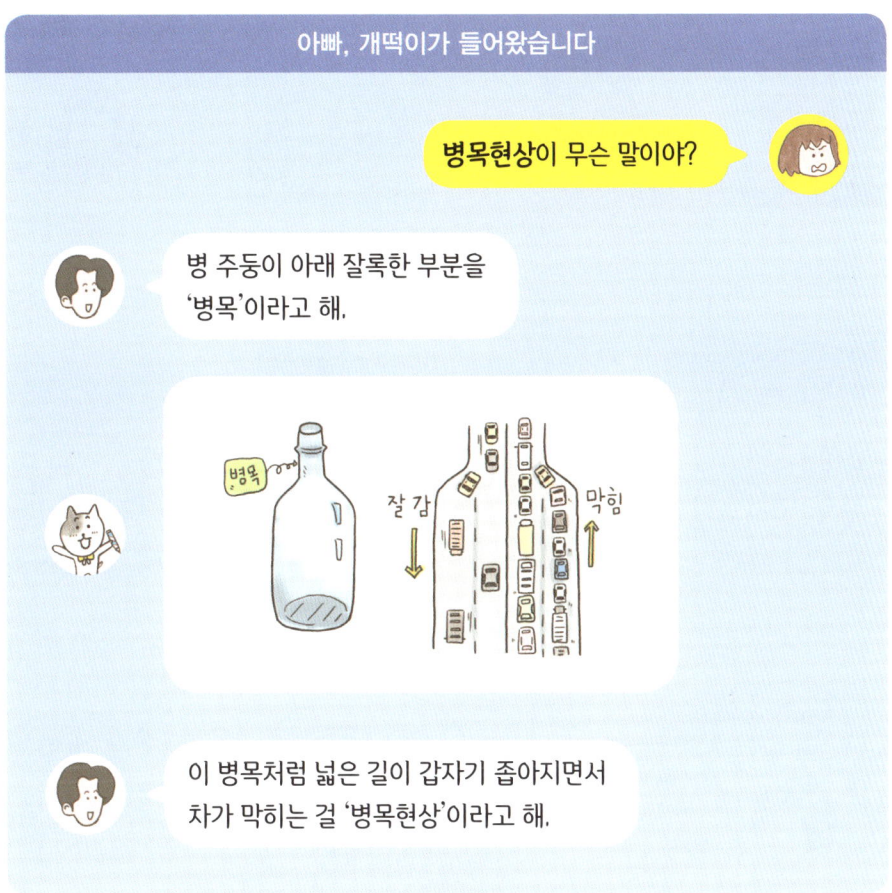

나들목, 분기점

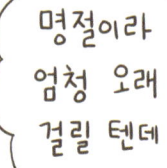

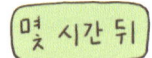

아빠, 개떡이가 들어왔습니다

나들목, 분기점이 무슨 말이야?

'나들목'은 나가고 들어간다는 뜻을 가진 '나들'과 좁은 길을 뜻하는 '목'이 합쳐진 낱말이야. 고속도로로 들어가거나 나오는 길을 뜻해.

 '분기점'은 고속도로와 고속도로가 만나는 곳이야. '갈림목'이라고도 해.

 그림으로 보면 쉬워.

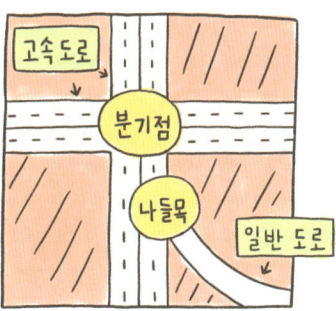

이 영어들은 뭐야? / 쉬운 우리 말로 쓰면 좋겠어!

금천 IC / 일직 JC

도로 표지판에 나들목은 IC(아이씨), 분기점은 JC(제이씨)라고 많이 쓰여 있어.

얘기하다 보니 어느새 집.

와! 집이다. / 다들 고생했어.

낙석주의

엄마가 들어왔습니다

낙석주의가 무슨 말이야?

'낙석주의'는 한자 말로 산이나 벼랑에서 돌이 떨어질 수 있으니까 조심하라는 말이야.

주인백

아빠, 개떡이가 들어왔습니다

주인백이 무슨 말이야?

'주인백'에서 '백(白)'은 흰색이라는 뜻을 가진 한자이지만 사람 이름 뒤에 붙으면 말씀드린다는 뜻이 돼.

그러니까 '주인백'은 주인이 말씀드린다는 말이지.

2장 긴가민가 들어온 말 · 61

신문사절

부재중

개떡이, 엄마가 들어왔습니다

부재중이 무슨 말이야?

 '부재'는 한자 말로 어떤 곳에 없는 것을 뜻해.

 그래서 '부재중'은 자기 집이나 정해진 장소에 있지 않는 동안을 말하는 거야.

관계자 외 출입 금지

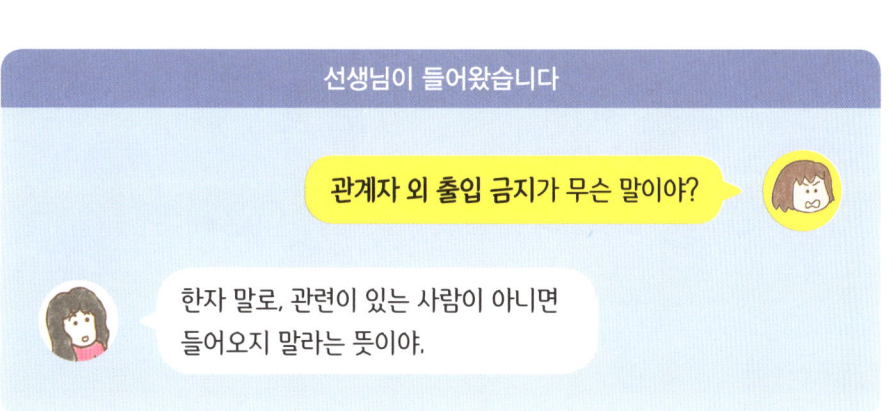

선생님이 들어왔습니다

관계자 외 출입 금지가 무슨 말이야?

한자 말로, 관련이 있는 사람이 아니면 들어오지 말라는 뜻이야.

재량휴업일

아빠, 개떡이가 들어왔습니다

재량휴업일이 무슨 말이야?

 자기 생각대로 일을 하는 것을 '재량'이라고 하고 '휴업'은 가게, 회사, 학교 같은 곳이 하던 일을 멈추고 잠시 쉬는 것을 말해.

 학교마다 상황에 맞게 쉬는 날을 정하는데 그날을 '재량휴업일'이라고 해.

 누나, 재량휴업일은 모두가 함께 쉬는 날이 아니거든.

그럼, 재량휴업일은 누가 정하는데?

여기는 교장 선생님 집

선행학습

엄마, 개떡이가 들어왔습니다

선행학습이 무슨 말이야?

 '선행'은 어떤 것보다 앞서간다는 뜻이야.
그러니까 '선행학습'은 정해진 교과과정보다 앞서서 다음 내용을 미리 공부하는 걸 말해.

 이를테면 3학년이 4학년 수학이나 영어를 미리 배운다는 말이지.

추모

엄마, 개떡이가 들어왔습니다

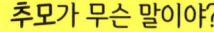 추모가 무슨 말이야?

 '추모'는 죽은 사람을 그리면서 생각한다는 뜻이야.

 추모하는 마음을 드러내기 위해 분향을 하기도 해.

분향은 무슨 말인데?

 '분향'은 제사나 장례식에서 향을 피우는 걸 말해.

# 은혜

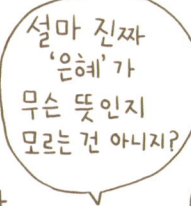

선생님, 개떡이가 들어왔습니다

은혜가 무슨 말이야?

 남이 어진 마음으로 베푼 고마운 일을 말하는 거야.

 5월 8일은 우리를 낳아 주고 길러 준 엄마, 아빠의 은혜를 생각하는 날이야.

5월 15일도 있잖아.

 5월 15일은 자기를 가르쳐 준 선생님한테 고마운 마음을 전하는 날이지.

 그런데 어버이날과 스승의 날에 카네이션은 왜 달아 드리는 거야?

 이 일이 사람들 마음을 움직여서 어버이날에 카네이션을 달게 되었대.

분단

선생님이 들어왔습니다

분단이 무슨 말이야?

 한 겨레나 나라가 전쟁이나 여러 가지 까닭으로 둘로 나누어졌다는 뜻이야.

1분단, 2분단 할 때 분단인 줄 알았는데……

집행유예

아빠, 할머니, 개떡이가 들어왔습니다

집행유예가 무슨 말이야?

 '집행'은 계획이나 명령을 실행한다는 말이고
'유예'는 일을 하는 날짜나 시간을 미룬다는 말이야.

그래서 '집행유예'는 죄지은 사람에게 내린 벌을 얼마 동안 미루는 걸 말해.

그럼 징역은 무슨 말인데?

'징역'은 죄지은 사람을 교도소에 가두고 일을 시키는 벌을 뜻해.

집행유예 기간 동안 죄를 짓지 않으면 징역을 산 걸로 쳐줘.

징역 2년 6개월에 집행유예 4년이면 교도소에 안 간다는 거네?

집행유예는 3년 이하 징역을 받은 사람한테만 내릴 수 있어.

그리고 죄지은 사람에게 벌을 덜어 줄 까닭이 충분히 있어야 해.

삼송 이재룡한테는 어떤 까닭으로 벌을 덜어 준 걸까?

글쎄……? 모르겠다.

힘센 사람들은 집행유예로 쉽게 풀려나고는 하더라고……

재벌이 제대로 벌 받는 걸 본 적이 없다, 내가……

그럼 집행유예 같은 거 없애는 게 낫겠네.

집행유예가 필요한 경우도 있단다. 그걸 나쁘게 쓰는 사람들이 문제인 게지……

판사님들, 법 앞에 모두가 평등한 세상을 만들어 주세요!

개똥아, 아빠가 보는 신문을 가져가면 어떡하니?

아빠 미안!

여당, 야당

개떡이가 들어왔습니다

여당, 야당이 무슨 말이야?

우리나라 정당 가운데 지금 대통령을 배출한 정당을 '여당'이라고 해. 여당이 아닌 나머지 정당을 '야당'이라고 불러.

'여당'에서 '여'는 함께 한다는 뜻을 가진 한자야. 정부나 대통령과 함께하는 정당이라고 생각하면 쉽지.

'야당'에서 '야'는 들판이라는 뜻이야. 들판에 서서 정부를 견제하는 정당이라고 떠올리면 돼.

말똥이가 들어왔습니다

그럼 정당은 무슨 말이야?

'정당'은 정치에 관한 생각이 같은 사람들이 모여서 만든 단체야.

선거하는 날

모두 어디 가?

투표하러 가지.

나도 투표할래.

아쉽지만 만 19살이 돼야 투표할 수 있단다.

그런 게 어딨어!

우리도 시민이니까 투표하고 싶어.

그래서 더 어린 나이부터 투표할 수 있게 해 달라고

외치는 누나, 오빠 들이 있어.

우리도 빨리 투표할 수 있게 힘을 모을게요!

개떡이도 응원합니다

출사표

대소변

선생님이 들어왔습니다

대소변이 무슨 말이야?

'대변'이랑 '소변'을 아우르는 말인데 대변은 똥, 소변은 오줌을 이르는 한자 말이야.

반려동물

무슨 말이야?

개떡이가 들어왔습니다

반려동물이 무슨 말이야?

'반려'라는 말은 짝이 되는 동무를 뜻해.
그러니까 '반려동물'은 사람이 가까이 두고
보살피며 기르는 동물을 말해.

 예전에는 사람에게 귀여움을 받고 즐거움을 준다고
'애완동물'이라 불렀는데 지금은 사람과 더불어
살아간다는 뜻에서 '반려동물'이라고 불러.

백반

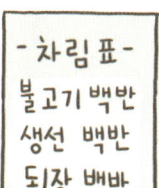

엄마, 개떡이가 들어왔습니다

 **백반이 무슨 말이야?**

 한자 말로 하얀 쌀밥이라는 뜻이야.

 식당에서 파는 음식 가운데 밥에 국과 반찬을 곁들이는 것을 말할 때도 써.

물은 셀프

개떡이가 들어왔습니다

물은 셀프가 무슨 말이야?

'셀프'는 영어로 자기 스스로 하라는 뜻이야. 그러니까 자기 손으로 물을 가져다 먹으라는 말이지.

잔반

무슨 말이야?

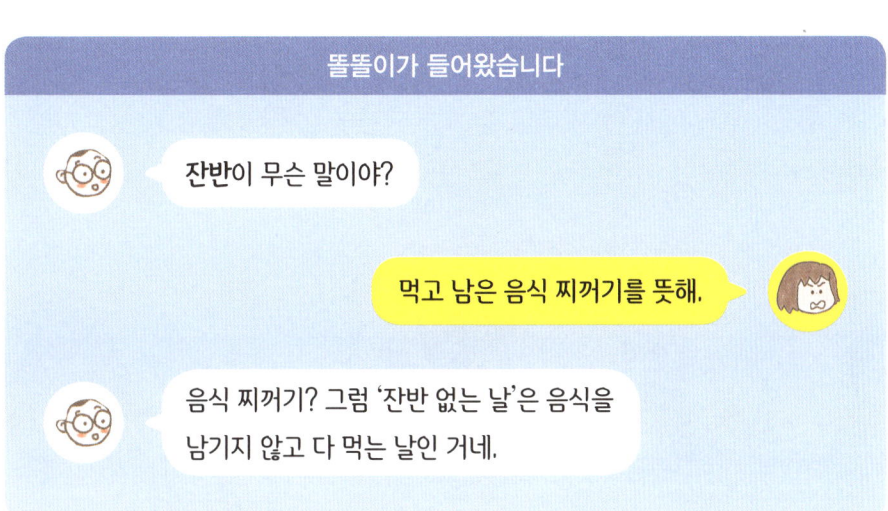

바캉스

보리 상회 사장님이 들어왔습니다

바캉스가 무슨 말이야?

'바캉스'는 다른 나라에서 들어온 말인데 여름에 바다나 강, 산에 가서 휴가를 보내는 일을 말해.

삼복더위

할머니, 개떡이가 들어왔습니다

삼복더위가 무슨 말이야?

 7월과 8월에는 흔히 '복날'이라고 부르는 초복, 중복, 말복이 있어. 이때가 가장 더운 때라 '삼복더위'라는 말을 써.

 '복(伏)'이라는 한자는 너무 더워서 사람이 개처럼 엎드린 모양이래.

우천시

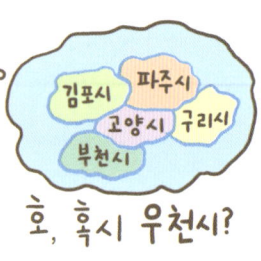

엄마가 들어왔습니다

우천시가 무슨 말이야?

'우천'은 비가 오는 날씨를 말하고 '시'는 어떤 일이 일어난 때를 말해.

그러니까 '우천시'는 한자 말로 비가 올 때나 비가 내릴 때라는 말이야.

집중호우

엄마가 들어왔습니다

집중호우가 무슨 말이야?

짧은 시간 동안 한꺼번에 쏟아지는 비를 말해. 우리말로는 '장대비'라고도 해.

장대비? 감 딸 때 쓰는 그 장대?

X-마스

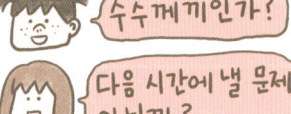

선생님, 개떡이가 들어왔습니다

 X-마스가 무슨 말이야?

 크리스마스를 줄여서 'X-마스'라고도 해.

 여기서 'X'는 예수님을 뜻하는 그리스어 크리스토스의 앞 글자를 따온 거야.

 크리스마스는 예수님이 태어난 날이거든.

정월 초하루, 섣달그믐

할머니, 개떡이가 들어왔습니다

정월 초하루가 무슨 말이야?

'정월'은 음력으로 1월을 말해. '초하루'는 달마다 첫째 날을 뜻하지. 그러니까 '정월 초하루'는 음력 1월 1일이란 뜻이야.

섣달그믐은 무슨 말이야?

'섣달'은 음력으로 12월을 말해. '그믐'은 달마다 마지막 날을 뜻하지. 그러니까 '섣달그믐'은 음력으로 12월 31일이야.

근하신년

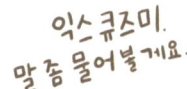

할머니, 엄마가 들어왔습니다

근하신년이 무슨 말이야?

'근하'는 축하한다는 뜻이고 '신년'은 새해라는 뜻이야.

새해가 온 것을 축하한다는 뜻이지. '새해 복 많이 받으세요'랑 비슷한 말이야.

새해를 맞는 인사말이구나.

2장 긴가민가 들어온 말 · 107

양력, 음력

할머니, 개떡이가 들어왔습니다

 양력이 무슨 말이야?

 '양력'은 지구가 해 둘레를 한 바퀴 도는 데 걸리는 시간을 일 년으로 삼아 만든 달력이야.

 그럼 **음력**은 무슨 말이야?

 '음력'은 달이 지구 둘레를 한 바퀴 도는 데 걸리는 시간을 한 달로 삼아 만든 달력이야.

 우리나라는 내내 음력을 써 오다가 조선 시대 고종 임금 때부터 양력을 썼어.

만 나이

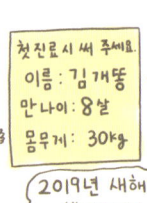

엄마, 말똥이가 들어왔습니다

만 나이가 무슨 말이야?

 '만' 나이에서 '만(滿)'은 꽉 찼다는 뜻을 가진 한자야.

'만 나이'는 일 년이라는 시간이 가득 찰 때마다 한 살씩 먹는 나이를 뜻해. 다시 말해 태어난 지 일 년이 지나야 한 살이 되는 거야.

두 살이나 차이 나는 건 너무하잖아.

그건 세는나이로 계산해서 그래.

우리가 흔히 말하는 나이는 '세는나이'라고 하는데 태어나자마자 한 살이지.

그래서 태어난 지 한 달도 안 된 아기가 금방 두 살이 되기도 해.
2017년 12월에 태어난 아기들

개똥이는 세는나이로는 열 살이지만 생일이 안 지났기 때문에 만 나이로는 여덟 살이야.

만 나이 세는 법
생일이 지났으면 : 세는나이 − 1
생일이 안 지났으면 : 세는나이 − 2

뭐가 이렇게 복잡해.

우리나라는 엄마 배 속에 있을 때부터 나이를 세서 낳자마자 한 살이 되는 거라는 이야기도 있단다.

지금 우리나라를 빼고는 거의 모든 나라가 '만 나이'만 쓴대.

며칠 뒤

너넨 생일이 지났으니까 만 아홉 살이야.

뭐? 내가 만 9살이라고?

내가 어떻게 만 살이 넘냐?

하하하 아이고 배야.

너넨 어떻게 나보다 모르냐!

왜 웃지? 뭘 모른다는 거야?

2장 긴가민가 들어온 말 · 111

벼룩시장

엄마가 들어왔습니다

벼룩시장이 무슨 말이야?

 쓰던 물건이나 안 쓰는 오래된 물건을 싸게 사고파는 시장이야.

바겐세일

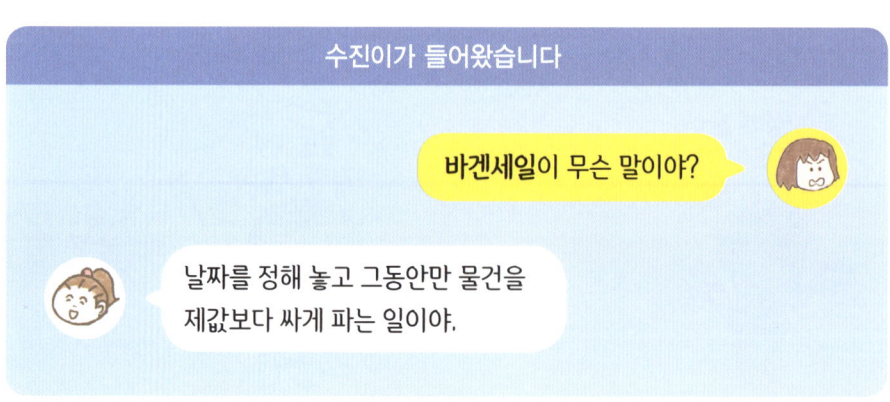

- 센캐, 에바
- 생파, 생선 · 노잼, 꿀잼
- 문상, 개이득 · 갑분싸, 갑툭튀
- 띵작, 댕댕이 · 오나전 캐안습
- 엄크

3장
어리둥절 줄임 말과 새말

센캐, 에바

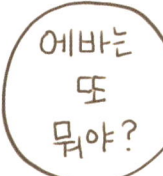

아빠, 엄마가 들어왔습니다

 센캐가 무슨 말이야?

'센캐'는 센 캐릭터, 그러니까 센 척하는 사람이라는 뜻이에요.

 그럼 에바는 무슨 말인데?

'에바'는 하는 짓이 지나칠 때 우리끼리 쓰는 말이고요.

생파, 생선

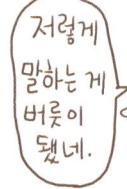

선생님이 들어왔습니다

생파랑 생선이 무슨 말이야?

'생파'는요, 생일 파티의 줄임 말이에요.

'생선'은 생일 선물을 줄여서 우리끼리 쓰는 말이고요.

3장 어리둥절 줄임 말과 새말 · 121

노잼, 꿀잼

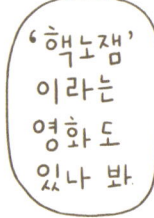

엄마가 들어왔습니다

노잼이 무슨 말이야?

영어로 '노(NO)'는 무엇이 없다는 뜻이고, '잼'은 재미를 줄인 말이잖아요.

그래서 '노잼'은 재미가 없다는 뜻이에요.

앞에 '핵'이 붙으면 마치 핵무기처럼 뜻이 세져요. 그러니까 '핵노잼'은 엄청 재미없다는 뜻이에요.

영화를 보고 난 뒤

문상, 개이득

아빠가 들어왔습니다

 문상이 무슨 말이야?

'문상'은 책을 사거나 영화 들을 볼 때 돈 대신 쓸 수 있는 문화상품권의 줄임말이야.

 개이득은 무슨 말이야?

'개이득'은 매우 크게 이익을 보았다는 뜻이야.

 그럼 이익이 쏠쏠해 정도로 말하면 어떨까?

어떤 낱말 앞에 '개'가 붙으면 나쁘다, 질이 낮다는 뜻을 더하는 말이 되기도 해.

갑분싸, 갑툭튀

교장 선생님이 들어왔습니다

 갑분싸가 무슨 말이야?

'갑분싸'는 갑자기 분위기가 싸늘해진다는 뜻이에요.

 갑툭튀는 무슨 말이고?

'갑자기 툭 튀어나오다'를 줄인 말이에요.

띵작, 댕댕이

아빠가 들어왔습니다

 띵작이 무슨 말이야?

'띵작'은 명작의 '명' 자리에 모양이 비슷해 보이는 글자인 '띵'을 넣어 만든 말이에요.

명작 ➡ 띵작

 댕댕이는 무슨 말이고?

'댕댕이'도 멍멍이를 같은 식으로 바꾼 말이에요. 그러면 귀엽다는 커엽다가 돼요.

멍멍이 ➡ 댕댕이

얘네가 지금 무슨 말을 하는 거야?

얘들아, 이건 한글을 망가뜨리는 일 같아.

쯧쯧 고생 고생 해서 만든 한글을 세종대왕이 알면 슬퍼할 것 같은데······

재밌잖아.

기발한 생각이야.

이런 것도 창의력 아닐까?

오나전 캐안습

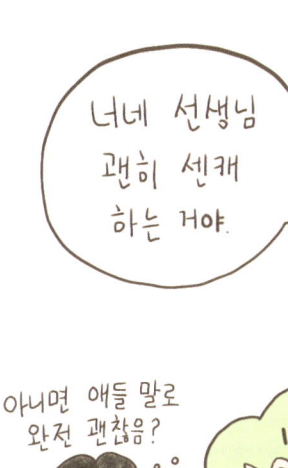

엄마가 들어왔습니다

 오나전 캐안습이 무슨 말이야?

완전 눈에 습기 찬다는 말이에요.

엄크

엄마가 들어왔습니다

 엄크가 대체 무슨 말이야?

'엄크'는 엄마랑 미국말 크리티컬을 합쳐서 줄인 말이에요.

그러니까 엄마가 습격한다는 뜻이에요.

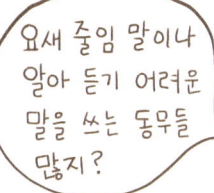

작가의 말

《무슨 말이야?》로 어린이들과 이야기할 수 있게 되어 즐거워!

　《무슨 말이야?》의 주인공 개똥이는 공부하는 것보다 밖에서 노는 걸 좋아하고, 만화책 보는 걸 좋아하는 아이야. 내 어린 시절 모습과 꼭 닮았어. 나는 주인공 개똥이보다 더 짧은 머리에 바지를 즐겨 입고 치마를 싫어하는 여자아이였어. 동네방네를 팔짝팔짝 뛰어다니고 대문보다는 고양이처럼 담을 타고 넘나들었지. 그래서인지 어른들에게 '너는 여자애가 왜 그러니?' 하는 말을 자주 들었어.

　내가 바지를 입고 싶어 한 또렷한 까닭이 있는데, 어른들은 자기 맘대로 옷을 입으면서 왜 내가 옷 입는 것까지 이래라저래라 하는 걸까 하는 생각을 많이 했어. 마흔 살이 넘은 지금도 바지를 즐겨 입지만 담은 안 타. 사실 이제는 못 타는 거지만. 허리, 다리가 어릴 적 같지 않거든. 가만히 있어도 여기저기가 쑤셔.

　언제부터 《무슨 말이야?》를 그렸냐고? 그러니까 2008년 5월, 큰아이가 태어난 지 아홉 달 되던 때, 〈개똥이네 놀이터〉에 '무슨 말이야?'를 그리기 시작했어. 아이를 젖을 먹여 의자에 앉혀 놓고, 왼손으로는 딸랑이를 흔들고 오른손으로는 만화를 그렸지. 그땐 참 힘들었는데 벌써 그 아이가 자라서 올해 열세 살이 되었어. 그러고 보니, 그림을 그린 지 벌써 10년이 넘었네.

　이번에 그동안 그린 것들을 모아 책 한 권으로 내게 되었어. 책을 엮기 전에 이전에 그린 그림들을 한데 모으니 그림체가 들쑥날쑥 말이 아니야.

이래저래 고민하다가 아빠 얼굴을 전부 바꿔 그렸지. 그러면서 엄마의 파마머리도 좀 더 예쁘게 만지고 할머니 주름살도 살짝 폈어. 그림을 다시 그린 게 한두 쪽이 아니었지만, 만지면 만질 수록 개똥이네 식구들이 예뻐지니 기분이 참 좋아.

《무슨 말이야?》에 실린 내용 가운데 요즘 아이들이 많이 쓰는 줄임 말 '생파, 생선'을 소개하는 만화가 초등학교 3학년 1학기 국어활동 교과서에 네 쪽으로 실렸어. 사람들이 줄임 말을 많이 쓰고, 더러는 알아듣지 못하게 되는 상황에 대해 이 만화를 읽고 이야기하는 시간을 가진다고 해. 주인공 개똥이도 3학년인데, 같은 학년 교과서에 실려 또래 아이들 수업 시간에 등장한다고 하니 참 신기하고, 그림을 그린 보람을 느껴.

나는 요즘 아이들 이야기를 들으러 초등학교에 자주 가. 아이들 사는 모습과, 아이들이 들려주는 이야기 속에서 그림 그릴 거리를 찾는 거지. 특히 이야기가 풀리지 않아 답답할 때 아이들이 많은 것을 알려 줘. 남양주초등학교 아이들아, 정말 고마워!

이 책을 보는 많은 어린이들, 다들 재밌게 봐 줘!

2019년 2월
허정숙

개똥이네 책방 36
무슨 말이야?
생활 속 우리말 탐구 사전

2019년 2월 1일 1판 1쇄 펴냄 | 2023년 9월 15일 1판 6쇄 펴냄

글 그림 허정숙
편집 김로미, 김성재, 이경희, 조성우
디자인 이종희
제작 심준엽
영업마케팅 김현정, 나길훈, 양병희
영업관리 안명선
새사업부 조서연
경영지원실 노명아, 신종호, 한선희
인쇄와 제본 (주)상지사P&B

펴낸이 유문숙 | **펴낸 곳** (주)도서출판 보리 | **출판 등록** 1991년 8월 6일 제9-279호
주소 (10881) 경기도 파주시 직지길 492
전화 031-955-3535 | **전송** 031-950-9501
누리집 www.boribook.com | **전자우편** bori@boribook.com

ⓒ허정숙, 2019

이 책의 내용을 쓰고자 할 때는 저작권자와 출판사의 허락을 받아야 합니다.
잘못된 책은 바꾸어 드립니다.
값 16,000원

보리는 나무 한 그루를 베어 낼 가치가 있는지 생각하며 책을 만듭니다.

ISBN 979-11-6314-028-3 73700

이 도서의 국립중앙도서관 출판예정도서목록(CIP)은 서지정보유통지원시스템 홈페이지(http://seoji.nl.go.kr)와
국가자료공동목록시스템(http://www.nl.go.kr/kolisnet)에서 이용하실 수 있습니다.
(CIP제어번호: CIP2019001941)

제품명: 도서 제조자명: (주) 도서출판 보리 주소: (10881) 경기도 파주시 직지길 492 전화번호: (031) 955-3535 제조년월: 2023년 9월 제조국: 대한민국 사용연령: 8세 이상
주의사항: 책의 모서리가 날카로우니 다치지 않게 주의하세요. KC 마크는 이 제품이 공통안전기준에 적합하였음을 의미합니다.